MEMOIRE,

POUR JOSEPH PARIS DU VERNEY, Conseiller-
Secretaire du Roy, Maison, Couronne de France & de ses
Finances.

CONTRE Monsieur le Procureur General.

LA vertu la plus pure peut être soupçonnée ; mais la verité qui préside à sa défense, lui ménage un triomphe qui doit répandre sur elle un nouvel éclat.

Pour y parvenir, elle n'a pas besoin de secours étrangers. L'innocence se suffit à elle-même ; & jamais elle ne frappe plus, que quand elle paroît dans toute sa simplicité.

C'est aussi le caractere qui regnera dans la défense du Sieur du Verney. Pour le justifier, il n'y a qu'à suivre exactement l'ordre des faits, qu'à consulter les titres qui paroissent, & qu'à prendre droit par toutes les declarations des Accusez & des Témoins. Les preuves de son innocence naissent à mesure que l'on avance dans la connoissance de cette affaire, où tout annonce la regularité de sa conduite, & le zele même dont il a toûjours été animé pour les interêts du Roy.

On ne le verra donc point étaler ses services, ni entreprendre de toucher par le recit de ses malheurs. Il ne cherche à attirer ni des éloges, ni de la sensibilité. Il est accusé : l'unique objet qu'il se propose est de se justifier.

FAIT.

Le Roy voulant procurer à ses Sujets le moyen de placer differens effets liquidez, fit une création d'Offices Municipaux par Edit du mois d'Août 1722. La vente en devoit être faite par Martin Girard, qui donna le 20 Novembre de la même année, une

A

Procuration à Charles Harlan, pour tenir la Caiſſe de recouvrement. C'étoit dans cette Caiſſe, que tous ceux qui étoient admis à acquerir des Offices, devoient porter des Recepiſſez du Treſor Royal, tirez ſur le Treſorier des Parties caſuelles, ou des Certificats de Liquidation.

Une ſeconde Caiſſe fut établie dans la ſuite; il eſt important d'en
connoître la deſtination. Par Arreſt du 28 Juillet 1723. le Roi
avoit ordonné, que tous les Porteurs de Certificats de Liquidation, ſeroient tenus dans le premier Novembre ſuivant, de les
porter à un des débouchemens indiquez; & que faute de le faire
dans ce terme, ils demeureroient nuls & de nulle valeur.

Ceux qui ſe propoſoient d'acquerir des Offices Municipaux, mais
dont les offres n'étoient pas reçuës, parce qu'il pouvoit venir des
enchéres, craignant qu'on ne leur rendît leurs effets lorſque le terme ſeroit prêt à arriver, & qu'ils ne pourroient plus en faire uſage,
expoſerent leurs juſtes inquiétudes à Sa Majeſté, qui pour les cal-
mer, ordonna par un Arreſt du 26 Septembre 1723. qu'il ſeroit
établi un Bureau general à Paris, dans lequel ceux qui auroient
deſſein d'acquerir des Offices, pourroient porter leurs Certificats de
Liquidation juſqu'au premier Novembre ſuivant, pour valeur deſ-
quels Martin Girard, ſon Prépoſé ou Commis, leur délivreroit des
reçus portant promeſſe de fournir au Porteur à volonté, des Recepiſſez du Treſor Royal ſur le ſieur Bertin.

Martin Girard établit le ſieur Selvois pour tenir cette Caiſſe,
par une Procuration du premier Octobre 1723. Ainſi il y avoit deux
Caiſſes dans le Traité des Offices Municipaux; celle de Harlan, qui
étoit la Caiſſe du Recouvrement, où ceux qui avoient acquis des
Offices, devoient porter des Certificats de Liquidation, ou des Recepiſſez du Treſor Royal ſur le ſieur Bertin, Treſorier des Parties
caſuelles, en conſequence deſquelles on expedioit aux Acquereurs
des Quittances de finance; & celle de Selvois, qui étoit une ſimple
Caiſſe de dépôt, uniquement deſtinée à recevoir les Certificats de
Liquidation de ceux qui avoient fait des offres, & à qui Selvois
devoit ſeulement délivrer des promeſſes de fournir des Recepiſſez
du Treſor Royal ſur le ſieur Bertin.

Ces notions generales étoient abſolument neceſſaires pour entendre le fait particulier de la Cauſe qu'il s'agit maintenant d'expliquer.

Les Etats de Languedoc ayant demandé au Roi la ſuppreſſion de
tous les Offices Municipaux de la Province, il fut fait un Traité
ou Abonnement, par lequel ils s'engagerent de fournir pour le
prix de ces Offices, douze millions en effets liquidez, ſur leſquels
il leur ſeroit fait certaines déductions.

Au lieu de faire remettre ce qui reſtoit dû de ces douze millions
à la Caiſſe de Harlan, qui ſeul pouvoit le recevoir, on prétend
que les Etats de Languedoc ont traité avec le feu ſieur Bonnier
leur Treſorier, & que moyennant une certaine ſomme en argent,
il s'eſt obligé de fournir une partie des douze millions. On prétend

encore que le fieur Bonnier a traité de même avec le fieur Bouret,
un des Directeurs du Traité des Offices municipaux, qui s'eſt engagé de fournir à la décharge du fieur Bonnier une ſomme de ſept
millions ; & enfin que le fieur Bouret a fait un dernier Traité avec
le fieur Barrême à un moindre prix, pour fournir les mêmes ſept
millions, & qu'il lui a remis pour cela 586 Actions & 465000 l.
en argent.

Pour executer cette dernière convention, le fieur Barrême fit
un Billet le 19 Janvier 1724. portant promeſſe de fournir dans le
25 Fevrier ſuivant au fieur Bouret, ſept millions en Certificats de
Liquidation, & autres effets reçus en acquiſition d'Offices Municipaux, valeur reçue en mêmes eſpeces.

Le fieur Bouret remit ce Billet au fieur Bonnier, avec un ordre
au dos, conçu en ces termes : *M. de Selvois aura ſoin de retirer de M.*
Barrême les ſept millions portez au Billet de l'autre part ; & pour valeur il
délivrera actuellement quatre Recepiſſez dûement controllez au nom des Etats
de Languedoc, le premier de 2113625 liv. un de 2254798 liv. un troiſiéme
de 185202 liv. & le quatriéme pour faire la ſomme de ſept millions, ſera
de la ſomme de 2446377 liv. Fait à Paris ce 19 Janvier 1724.

Sur cet ordre remis par le fieur Bonnier à Selvois, les quatre
Récépiſſez lui furent fournis. Toutes ces négociations étoient ſe-
cretes. Le fieur du Verney en particulier n'en avoit aucune con-
noiſſance ; mais par un pur effet de ſon zéle, & de ſon attention,
elles furent bien-tôt découvertes.

La nullité des Billets de Liquidation indiquée pour le premier
Novembre 1723. ayant été ſuſpenduë par differens Arrèts, leur
perte fut enfin annoncée irrévocablement pour le premier Mars
1724. Le fieur du Verney, qui regardoit le ſort de ces Billets comme une ſuite des opérations du Viſa, ſur leſquelles il avoit la prin-
cipale inſpection, fit écrire à tous les Caiſſiers pour qu'ils euſſent à
envoyer des états certifiez des Billets qui étoient dans leurs Caiſſes
au premier Mars. Il écrivit en particulier au fieur Bouret le 10.
Mars 1724. Il le fit d'abord reſſouvenir que dès le commencement de
Janvier de la même année, il avoit envoyé un état des Certificats de
Liquidation reçus juſqu'au premier du même mois pour acquiſition
d'Offices Municipaux, Lettres de Maîtriſes, &c. Il ajoute : *Cela me*
fait eſperer que vous voudrez bien m'envoyer le 15 de ce mois un état general
qui renfermera tout ce qui aura été reçû de Certificats de Liquidation, tant à
Paris que dans les Provinces, ſur ces divers recouvremens juſqu'au dernier
jour fixé par les Arrêts du Conſeil. Je ſuis perſuadé que prévoyant comme
vous l'êtes, vous aurez fait paſſer à Paris dès le premier de ce mois toute la
Recette des Provinces, afin d'en pouvoir donner le montant à M. le Contrô-
leur General au temps où je vous prie de me l'envoyer. J'ai l'honneur d'être,
&c.

Le mois de Mars & le mois d'Avril ſe paſſerent ſans que le fieur
du Verney entendît parler du fieur Bouret. Son ſilence ne rebuta
point le fieur du Verney. Il engagea M. le Contrôleur Général à
écrire lui-même, & à donner des ordres précis, pour que l'état fût

envoyé. Le fieur Bouret ayant reçû cet ordre au mois de May 1724. fit dreffer un état, dans lequel il fut obligé de faire mention du billet du fieur Barrême. Ce fut par-là que le fieur du Verney eut une premiere connoiffance du vuide de la Caiffe de Selvois, & du billet des fept millions.

Comme il n'avoit aucune infpection fur le Traité des Offices Municipaux, & que tout ce qu'il pouvoit faire étoit d'affurer l'état des Caiffes, il fe contenta de rendre compte à Mr le Contrôleur Général de ce qu'il avoit appris par l'état du fieur Bouret. Ce fut fur cette inftruction que Mr le Contrôleur Général prit les mefures qu'il crut les plus convenables pour affurer le payement des fept millions. Le fieur Barrême preffé pour y fatisfaire, offrit une Caution. Ce fut Vincent le Blanc, qui par un billet du 17. Janvier 1725. promit de payer les fept millions dans le mois de Juillet fuivant, fi le fieur Barrême ne fatisfaifoit pas à fon engagement.

Le fieur du Verney n'entendit plus parler de cette affaire jufqu'au commencement de 1726. que Vincent le Blanc étant attaqué d'une maladie dangereufe, le fieur du Verney fut chargé de découvrir tous les effets qui pouvoient lui appartenir. On fçavoit qu'il avoit mis prefque tout fon bien fous des noms empruntez; & on vouloit penetrer dans ces myfteres, pour connoître ce qui pouvoit fervir à payer le billet de fept millions.

Le fieur du Verney executa les ordres qu'il avoit reçus. Il écouta plufieurs fois, & les fieurs Berfin heritiers préfomptifs, & Duflos Agent de le Blanc. Il les preffa vivement d'acquitter le billet de fept millions. Il menaça des pourfuites les plus violentes, fi on ne fatisfaifoit pas à cet engagement. Duflos au contraire follicitoit avec de grandes inftances pour qu'on ne fît point appofer le fcellé après la mort de le Blanc, offrant fucceffivement differens effets pour remplir fon cautionnement. Par là on découvroit tous les jours de nouveaux biens qui appartenoient à le Blanc, & le fieur du Verney rempliffoit la commiffion dont il avoit été chargé.

Le Blanc mourut fans que l'on eût accepté aucune des propofitions de Duflos. Le fcellé fut apofé par ordre du Roi fur les effets de fa fucceffion. Ce fut ce qui obligea le fieur Berfin, fon legataire univerfel, de renouveller fes follicitations auprès du fieur du Verney, & de faire de nouvelles offres pour acquitter le billet de fept millions.

Enfin le 10. Juin 1726. le fieur Barrême vint trouver le fieur du Verney à Plaifance, avec Me Bronod Avocat au Confeil, qui preffa fi vivement le fieur du Verney de fe charger au moins d'un Memoire adreffé à Mr le Contrôleur Général par le fieur Berfin, pour l'acquit du billet de fept millions, que le fieur du Verney ne put refufer fa parole de le recevoir pour le remettre au Miniftre, qui feul en pouvoit faire le rapport, & faire prononcer par le Roi fur ces propofitions.

Le fieur Barrême de retour de Plaifance, écrivit au fieur Berfin, & lui rendit compte de ce qui s'y étoit paffé. Il l'invita à remettre le
Memoire

Memoire de fes propofitions. Me Bronod, dépofitaire de l'original figné du fieur Berfin, retourna le lendemain à Plaifance, & en donna une copie au fieur du Verney, qui, *après l'avoir lûë très-précipitamment*, fe contenta de dire à Me Bronod, *on verra ce qu'on en pourra faire*, comme Me Bronod l'a declaré à la confrontation.

Dans ce Memoire le fieur Berfin offroit d'abandonner un Recepiffé de cinq millions du Trefor Royal, figné Riviere, qui étoit, difoit-il, entre les mains du fieur Hallée; un million en Billets d'Antoine Hogguer; & de faire fa foumiffion de fournir dans un an le million reftant, ou en Billets du même Hogguer, ou en Liquidations, ou en rentes fur les Tailles à fon option, ou en Billets de Châtelain.

Il ajoutoit que pour faire paffer ces effets, il offroit à M^r le Contrôleur Général d'abandonner 7000 Billets de la Loterie compofée de la Compagnie des Indes, faifant partie de 7913 Billets. qui étoient en dépôt entre les mains de Rivet Caiffier de la Loterie, à condition que le Billet de cautionnement de le Blanc feroit biffé, rendu, & remis au fieur Berfin; que la Compagnie des Indes feroit main-levée pure & fimple de l'oppofition par elle formée au fcellé; qu'il feroit conftitué des rentes par la Compagnie des Indes pour les 913 Billets reftans, qui demeureroient à la fucceffion de le Blanc; & que les arrerages en feroient retenus à fur & à mefure par la Compagnie des Indes, pour acquitter ce qui lui étoit dû fur ces 913 Billets.

Tel eft en fubftance le Memoire dont le fieur du Verney a recouvré la copie, depuis que le fcellé appofé fur fes papiers a été levé; Memoire qui étoit deftiné pour être remis à M^r le Contrôleur Général, comme il eft prouvé par le Memoire même, & que le fieur du Verney s'étoit feulement chargé de remettre.

Deux jours après il reçut ordre de s'éloigner de la Cour de cinquante lieuës. Il fe retira près de Langres, où il fut arrêté, & de là conduit à la Baftille au mois d'Août 1726.

Dans le même temps le Roi adreffa des Lettres Patentes au Parlement pour faire le Procès au fieur Bouret, fes Complices, Participes & Adherans, fuivant la rigueur des Ordonnances. Ces Lettres Patentes furent enregiftrées le 3 Septembre 1726. Auffi-tôt M^r le Procureur Général, pour fatisfaire aux ordres qu'elles renfermoient, rendit une premiere plainte, dans laquelle il a accufé le fieur Bouret, ou d'avoir empêché que les fept millions n'entraffent dans la Caiffe de Selvois, ou de les avoir divertis, & d'avoir fubftitué à la place un Billet du fieur Barrême de la même fomme.

Sur cette plainte, & fur les informations faites en confequence, les fieurs Bouret & Barrême ont été décrétés de prife de corps à la fin de Septembre 1726. Ils ont fubi plufieurs interrogatoires, fans que le fieur du Verney, inacceffible à fa famille & à fes amis, en ait entendu parler pendant neuf mois.

Cependant M. le Procureur General a rendu une feconde plainte, dans laquelle il a prétendu, que pour couvrir le divertiffement

B

des fept millions, on avoit voulu rendre le Roy debiteur envers Vincent le Blanc, d'un Recepiffé de cinq millions, pour le compenfer jufqu'à concurrence avec le Billet du fieur Barrême. Il a demandé permiffion d'en informer. Les nouvelles informations ont été faites ; & enfin par Arrêt du 17 May 1727. le recolement & la confrontation ont été ordonnez à l'égard des fieurs Bouret & Barrême ; & le fieur du Verney a été decreté d'affigné pour être oüi.

On auroit pû croire que la Cour n'ayant prononcé contre lui aucun decret fur les premieres informations, qui concernoient le Billet de fept millions, & l'ayant feulement decreté depuis la nouvelle plainte & les nouvelles informations, on ne prétendoit l'impliquer que dans l'affaire du Recepiffé de cinq millions, dont on fuppofoit qu'on avoit voulu rendre le Roy debiteur ; cependant par les interrogatoires qu'il a fubis, il a reconnu que l'on ne bornoit pas l'accufation à ce feul objet, & qu'on lui imputoit :

1°. D'avoir été l'Affocié du fieur Barrême, par confequent d'avoir eu quelque part à la negociation faite entre le fieur Bouret & lui, au fujet des fept millions.

2°. D'avoir voulu faire paffer le Recepiffé de cinq millions, étant fous le nom du fieur Hallée, pour operer la liberation des fieurs Barrême & Vincent le Blanc, comme fi le Roy en eût été debiteur.

Voilà les prétendus crimes que l'on impute au fieur du Verney. Chaque chef eft accompagné de quelques circonftances, que l'on veut encore rendre fufpectes. C'eft à ces differentes accufations que l'on fe propofe de défendre ; mais auparavant le fieur du Verney ne peut fe difpenfer de faire quelques obfervations generales fur le fond de l'affaire, pour en développer la nature, & faire connoître le veritable interêt que le Roy peut y avoir.

OBSERVATIONS GENERALES.

Le principal objet que l'on s'eft propofé fans doute, a été de procurer au Roy le payement des fept millions d'effets, par la procedure extraordinaire ; mais il y a lieu de craindre qu'on n'ait pas pris le parti le plus feur.

En accufant les fieurs Bouret & Barrême d'avoir diverti les fonds d'une Caiffe appartenante au Roy, on fuppofe que ces fonds ont été remis à la Caiffe, & que le Roy eft reduit à fe venger fur le Billet du fieur Barrême. Mais ces idées font-elles juftes ? C'eft ce que l'on va difcuter d'abord.

Le Roy ayant traité avec les Etats de Languedoc pour la fuppreffion des Offices Municipaux de la Province, & s'étant contenté de la fomme de douze millions, y compris la finance des Offices vendus, & dont la déduction étoit convenuë, cette fomme devoit être portée directement au Trefor Royal, où on auroit fourni des Recepiffez, pour être remis dans la Caiffe de Harlan, & être enfuite expedié des Quittances de finance. Il n'y avoit point d'autre voye de remplir le Traité & l'Abonnement des Etats de Languedoc. C'étoit une affaire confommée entre le Roi & la Province. Il ne s'agiffoit pas de fimples offres faites par les Etats, & fujettes à fur-encheres. C'étoit une convention formée & parfaite : il falloit aller directement au Caiffier general.

Cela a-t-il été fait de la part des Etats du Languedoc ? Ont-ils fourni la fomme convenuë en effets liquidez ? Ont-ils porté cette fomme dans la Caiffe du Recouvrement ? C'eft ce que l'on ne peut prétendre. Tous les faits établis au procès juftifient le contraire.

Les Etats ont à la verité chargé le Treforier general de remplir ces obligations ; mais lui de fa part n'a jamais remis les fept millions en effets liquidez, qui font l'objet du procès. Le Billet du fieur Barrême, & l'ordre du fieur Bouret qui eft au dos, prouvent cette verité. Selvois a été chargé par l'ordre du fieur Bouret, de remettre au fieur Bonnier quatre Recepiffez montant à fept millions, & de prendre pour valeur le Billet du fieur Barrême. On prétend que cela a été executé ; & que Selvois a remis les quatre Recepiffez au fieur Bonnier. Ils n'ont pas cependant paru dans le procès. On ne les a reprefentez à aucun des Accufez, quoique cela parût neceffaire pour l'inftruction. Mais il eft toûjours certain que ces Recepiffez, dans quelque forme qu'ils ayent été conçus, n'ont eu d'autre valeur que le Billet du fieur Barrême. Le fieur Fouquet, Caiffier du fieur Bonnier, & entendu dans l'information, en eft convenu. Or peut-on feulement penfer que les Etats de Languedoc foient déchargez envers le Roi, parce que leur Treforier aura remis dans la Caiffe du fieur Selvois un Billet du fieur Barrême ? Etoit-ce là un effet de la nature de ceux qui pouvoient être reçus en payement des Offices Municipaux ? Etoit-ce un effet liquidé & provenant du *Visa* ? Tout le monde conviendra que jamais la Province n'a pû être liberée avec un pareil effet : Elle demeure donc toûjours chargée envers le Roi ; elle eft toûjours fa veritable & fon unique debitrice.

Les engagemens que l'on a pris avec le Roi, doivent être fidelement remplis. On ne les élude pas ainfi par des negociations contraires à fes interêts. Il faut un payement effectif qui foit parvenu dans fes coffres : des quittances fimulées & fans valeur réelle, ne peuvent jamais operer de décharge.

Le Roi a toûjours fon action contre la Province ; & quand elle reprefentera les Recepiffez de Selvois, on fera toûjours en état de les écarter, en juftifiant par le Billet du fieur Barrême, & par l'ordre du fieur Bouret, qu'ils n'ont qu'une valeur feinte, & par confequent qu'ils font impuiffans contre le Roi.

Mais que deviendra donc le Billet du fieur Barrême ? Il n'appartiendra point au Roi, qui ne peut être créancier tout à la fois, & de la Province de Languedoc pour l'Abonnement, & du fieur Barrême pour fon Billet. Ce fera le fieur Bonnier qui fera créancier de ce Billet, & qui en fe faifant payer par le fieur Barrême, fe mettra en état de fournir dans la Caiffe du Roi les fept millions qu'il a promis à la Province de Languedoc de payer à sa décharge.

Par rapport au Roi, son action subsistera toujours contre les Etats de Languedoc; & ce ne sera tout au plus que comme exerçant leur droit, qu'il pourra retomber contre les sieurs Bouret & Barrême; mais par la voye civile seulement, qui est la seule que les Etats puissent prendre.

Mais quand la Province de Languedoc, ou le sieur Bonnier pour elle, auroit remis sept millions d'effets liquidez, il n'y auroit point encore de décharge valable pour la Province, à moins que ce fonds n'eût été remis à un préposé qui eût caractere pour le recevoir. Or c'est encore ce qui n'a point été fait. Le sieur Selvois, de qui on prétend avoir des Recepissez, n'étoit point préposé pour recevoir les effets de ceux qui avoient été admis pour acquerir, mais seulement pour recevoir les Certificats de Liquidation de ceux qui n'ayant fait que de simples offres, sujettes à surencheres, pouvoient être exposez à retirer leurs effets dans un tems où ils seroient de nulle valeur. La Province de Languedoc étoit-elle dans ce dernier cas? N'avoit-elle fait que de simples offres? Pouvoit-elle craindre un retour après qu'elle auroit payé? Non sans doute: C'étoit un traité consommé entre le Roi & elle; elle ne pouvoit donc pas payer à Selvois. Quand elle auroit fait porter dans sa Caisse des effets liquidez, ce seroit une confiance personnelle qu'elle auroit euë en lui; mais ce ne seroit point une décharge d'un Caissier public, qu'elle pût faire valoir contre le Roi.

En effet, sur le reçu de Selvois, on n'auroit jamais fourni de Recepissé au Tresor Royal sur le sieur Berlin. C'étoit cependant l'effet que les reçus de Selvois devoient produire aux termes de l'Arrest du 26 Septembre 1723. qui avoit ordonné l'établissement de la Caisse qu'il a tenuë par la suite. Il falloit donc que le reçu qu'il avoit donné au sieur Bonnier fût sans autorité. Le Tresor Royal ne l'auroit point admis; le Roi par consequent ne doit point l'admettre lui-même.

Ainsi de toute maniere le sieur Bonnier, chargé de payer pour les Etats de Languedoc, n'a point de décharge legitime de la part du Roi. Il n'a point fourni d'effets liquidez dans aucune Caisse du Roi. Quand il en auroit fourni dans la Caisse de Selvois, ce seroit un payement fait à un homme sans caractere. Il est donc toujours débiteur envers le Roi. Qu'il poursuive les sieurs Bouret, Barrême ou Selvois, pour lui fournir sept millions d'effets liquidez, c'est une action legitime que l'on ne peut lui refuser; mais que le Roi adopte & reconnoisse un payement qui n'a jamais été fait par le sieur Bonnier, pour se réduire à poursuivre le Caissier, & ceux que l'on prétend avoir eu part à la négociation, c'est une action qui ne paroît pas naturelle.

Par là le Roi poursuit un faux débiteur, & laisse échaper le veritable. On lui fait perdre sa seureté dans l'obligation d'une grande Province, pour s'attacher à des hommes d'une fortune chancelante; & au lieu d'une action civile dont l'effet est certain,

on

on le charge de l'évenement d'une accusation, au moins équivoque, & toujours moins favorable.

A peine cette verité a-t-elle été indiquée par le sieur du Verney dans son Interrogatoire du 10. Juillet dernier, qu'on lui a remon-tré que son zele pour l'interêt du Roi & de l'Etat, auroit dû éclater plûtôt : mais il est facile de dissiper ce reproche.

Premierement, le sieur du Verney n'avoit aucune connoissance distincte du fond de cette affaire avant l'accusation formée contre lui ; il avoit seulement appris par l'Etat & par la Lettre du sieur Bouret, qu'il y avoit dans la Caisse de Selvois un Billet du sieur Barrême de sept millions : mais il ignoroit absolument si c'étoit de l'Abonnement de Languedoc que ces sept millions provenoient; s'ils avoient été fournis réellement, & depuis divertis, ou s'il y avoit eu d'autres négociations. Il ignoroit les circonstances de l'or-dre donné par le sieur Bouret. Il ignoroit même si Selvois avoit ca-ractere pour recevoir. Comme il n'avoit aucune inspection sur le Traité des Offices Municipaux, & qu'il étoit chargé de beaucoup d'autres affaires, il n'avoit pû ni dû entrer dans tous ces détails. Ce n'est que par les pieces qu'on lui a representées dans le cours de ses Interrogatoires, qu'il a connu le fond de l'affaire, & qu'il a été en état de proposer ses réflexions.

Secondement, on pourroit dire que le seul interêt du Roi étant d'être payé des sept millions d'effets qui manquoient dans sa Caisse, il importoit peu qu'en prenant la voye civile on fît remplir le vuide par les Etats de Languedoc, ou par les sieurs Barrême & le Blanc. Le Roi ne perdoit rien de son action contre la Province, en pressant les autres de payer : mais quand il s'agit de former une accusation, d'instruire une procedure extraordinaire, de poursuivre un Caissier comme coupable d'avoir diverti un fonds de sept millions, & les autres comme complices, cette démarche alors demande bien plus de circonspection. Le divertissement suppose un fonds fourni, & le veritable débiteur liberé. On pouvoit donc par l'action civile presser les sieurs Barrême & le Blanc; en cela le Roi ne faisoit qu'exer-cer les droits de la Province de Languedoc sa débitrice : mais par l'action criminelle qui n'appartenoit point à la Province, le Roi se regarde comme seul créancier du Billet du sieur Barrême, & par consequent il reconnoît la Province déchargée. L'accusation n'est donc point justifiée par ce qui a été fait auparavant.

Ce n'est que pour l'interêt du Roi qu'on s'est étendu sur ces ob-jets ; & s'il en résulte que l'accusation en elle-même est sans fonde-ment, c'est une consequence indifferente au sieur du Verney, qui, quand on supposeroit tous les autres Accusez coupables, ne pourroit jamais être envelopé dans le crime qu'on leur impute. C'est ce qu'il faut maintenant établir, en suivant chaque Chef d'accusation.

PREMIER CHEF.

On suppose que le sieur Bouret a diverti un fonds de sept millions de la Caiſſe de Selvois ; qu'il l'a remis au ſieur Barrême en lui faiſant faire un Billet de la même ſomme ; que par là le ſieur Barrême a été complice du divertiſſement ; & que comme le ſieur du Verney étoit aſſocié du ſieur Barrême dans cette negociation, il participe à ſon crime.

Ainſi pour parvenir juſqu'au ſieur du Verney, il faut commencer par trouver deux coupables ; le ſieur Bouret d'une part, & le ſieur Barrême de l'autre. C'eſt à la Cour à juger ſi l'accuſation formée contr'eux a quelque fondement. Le ſieur du Verney ne prend point de part dans cette queſtion : il ſuffit à ſon égard que toute cette négociation lui ſoit étrangere ; qu'il n'y ait jamais eu aucun intérêt ; qu'il ne l'ait même appriſe que long-temps après qu'elle a été conſommée. Il ſuffit, en un mot, qu'il n'ait jamais été aſſocié avec le ſieur Barrême.

Pour mettre cette verité dans tout ſon jour, on raſſemblera d'abord toutes les preuves qui combattent cette idée de ſocieté ; on fera voir enſuite que les preuves contraires que l'on oppoſe au ſieur du Verney, ne ſont propres qu'à concourir à ſa juſtification.

Il eſt certain d'abord qu'on ne rapporte aucun Acte de Société, ni aucun Titre qui l'énonce, ou qui l'indique. On ne voit ni comptes rendus entre les prétendus Aſſociez, ni Regiſtres tenus pour ſe mettre en état d'en rendre. En faudroit-il davantage pour écarter toute idée de Société ?

Il eſt de principe parmi nous, que toute Société doit eſtre redigée par écrit : c'eſt la diſpoſition préciſe de l'Ordonnance. On ne ſe rapporte point ſur cela à la déclaration des Témoins. Ici il n'y a aucun Acte qui renferme cette prétenduë Société : en cas de perte le ſieur Barrême n'auroit eu aucune action pour forcer le ſieur du Verney d'y contribuer : en cas de profit, le ſieur du Verney n'avoit aucun titre pour y prendre part : c'eſt donc, on le peut dire, une veritable chimere.

Quelles ſont d'ailleurs les conditions de cette prétenduë Société ? pour quelle part chaque Aſſocié y eſt-il entré ? C'eſt ce que l'on n'explique point. Eh quoi ! ſuffira-t-il d'annoncer en termes vagues une prétenduë Société dont on n'a aucune preuve, & dont on ne connoît aucune circonſtance ? La ſeule qualité de l'accuſation diſpenſeroit, pour ainſi dire, le ſieur du Verney de la combattre.

Mais ſuivons toutes les démarches des ſieurs du Verney & Barrême ; elles vont écarter de plus en plus toute idée de Société.

Le Billet du ſieur Barrême eſt du 19 Janvier 1724. il étoit payable au 25 Février ſuivant ; cependant à peine le premier Mars eſt arrivé, que le ſieur du Verney écrit au ſieur Bouret, pour qu'il lui envoye l'état de la Caiſſe de Selvois certifié veritable : l'objet de tous ces états demandez aux Caiſſiers, étoit d'empêcher qu'ils ne reçuſſent des Certificats de Liquidation depuis le premier Mars, époque de leur proſcription. C'étoit préciſément le moyen d'empêcher que le ſieur Barrême ne pût ſe liberer ; c'eſt cependant le ſieur du Verney qui prend cette précaution contre les ſieurs Bouret

& Selvois, & on fuppofera qu'il étoit Affocié du fieur Barrême. Sa conduite parle trop clairement en fa faveur, pour qu'on foit obligé de le juftifier.

Le fieur Bouret ne fatisfaifant point à cette Lettre, le fieur du Verney s'en plaignit à M. le Contrôleur General, qui en écrivit lui-même une autre. Ce fut pour obéïr aux ordres qu'elle contenoit, que le fieur Bouret envoya l'état informe de la Caiffe de Selvois, par lequel on découvrit le vuide des fept millions. Ainfi à fuppofer la Societé des fieurs du Verney & Barrême, ce feroit le fieur du Verney, qui, au lieu de tenir fecrete la négociation des fieurs Bou-ret & Barrême, comme il le pouvoit, auroit travaillé feul à la dé-voiler, qui auroit employé même l'autorité du Miniftre pour y par-venir ; çe qui choque toute vrai-femblance.

Suivons toujours les fieurs du Verney & Barrême dans leur conduite. Le fieur Barrême voulant foûtenir la valeur des Bil-lets de Loterie, & celle des Actions, fit au mois de Juillet 1724. plufieurs Primes d'Actions, & de Billets de la Loterie compofée de la Compagnie des Indes, pour les prendre dans la fuite à un prix bien plus confiderable que ces effets n'étoient alors fur la place. Cela étoit de notorieté publique ; mais la diminution des efpe-ces qui fut publiée au mois de Septembre de la même année, fit tellement tomber les Actions & les Billets de la Loterie, que le fieur Barrême fe trouva accablé fous le poids de fes engagemens, comme il en eft convenu dans fes interrogatoires. Ses murmures ont affez éclaté contre le fieur du Verney, qui auroit pû détourner cette perte, en lui laiffant entrevoir la legereté de fes engagemens, & l'évenement qui devoit opérer fa ruine. Cette conduite s'accor-de-t-elle avec l'idée d'une Societé ? Quelle liaifon entre deux hom-mes, dont l'un court aveuglément à fa perte, fans que l'autre plus inftruit daigne feulement le retenir ?

Ce n'eft pas qu'il n'y eût quelque relation entre les fieurs du Ver-ney & Barrême. Celui ci avoit beaucoup foulagé le fieur du Verney dans l'affaire du Vifa. Il y avoit travaillé avec beaucoup de zele & d'application. Cela avoit engagé le fieur du Verney à lui confier quelques affaires ; mais jamais il n'y avoit eu pour cela de Societé entr'eux, ni generale, ni particuliere pour le Billet de fept millions.

C'eft ce qui refulte même du compte que le fieur Barrême prefenta au fieur du Verney le 10 Octobre 1724. pour les affaires dont il l'avoit chargé.

On y voit que le fieur du Verney avoit remis un fonds de 160000 liv. au fieur Barrême, qui lui en avoit fait fon Billet : s'ils avoient été affociez enfemble dans l'affaire des fept millions, le fieur Bar-rême ayant un fonds commun de 1300000 liv. en argent, le fieur du Verney ne lui auroit pas remis de fes propres deniers une fomme fi confiderable. La dépenfe du compte monte à 200000 liv. pour dif-ferentes fommes employées par le fieur Barrême pour le fieur du Verney ; en forte que le fieur du Verney s'eft trouvé debiteur de

40000 liv. au-delà des 160000 liv. qu'il avoit fournies d'abord. Ces 40000 liv. furent payées comptant en fignant le compte. Mais dans tout cela il n'eft parlé ni directement, ni indirectement du Billet des fept millions fait par le fieur Barrême, ni de tout ce qui pouvoit y avoir rapport. Au contraire le fieur Barrême convient expreffément qu'il n'a point eu d'autres affaires avec le fieur du Verney que celles exprimées dans le compte.

Après une piece fi décifive, qui ne forme pas une fimple préfomption, mais une preuve complette contre la Societé que l'on imagine entre les fieurs du Verney & Barrême, l'accufation ne doit-elle pas s'évanoüir ? Formera-t-on une Societé entre deux perfonnes, qui, dans un tems non fufpect, ont reconnu qu'ils n'en avoient jamais eu aucune ? Il faudroit une Societé reconnuë par écrit pour fonder l'accufation ; & ici il eft reconnu par écrit qu'il n'y en a jamais eu. Tout révolte donc dans cette idée de Societé.

Auffi n'a-t-on pû trouver de quoi la foutenir dans toutes les recherches que l'on a faites depuis les Lettres Patentes du mois d'Août 1726. Les Informations, les Interrogatoires, les Bordereaux joints à la procedure criminelle ; enfin, les conjectures même que l'on a relevées dans le cours du Procès, rien, en un mot, n'a pû donner la moindre réalité à la Societé dont on a fait la bafe de l'accufation : c'eft ce qu'il eft facile d'établir en fuivant ces differens genres de preuves.

De plus de trente Témoins entendus dans les Informations, il n'y en a que deux qui ayent paru foupçonner quelque Societé entre les fieurs du Verney & Barrême : ces Témoins font les nommez Duflos & Deftourneaux.

Duflos rendant compte d'une converfation qu'il prétend avoir euë avec le fieur Barrême, fuppofe avoir apris qu'au mois de Novembre 1724, les Srs du Verney & Barrême avoient fait un fonds conjointement pour foutenir la Loterie compofée de la Compagnie des Indes. Mais quand ce fait feroit vrai, il ne prouveroit pas une Societé dans l'affaire des fept millions, qui étoit confommée dix mois auparavant. Cette hiftoire même eft fort alterée par Duflos. Jamais le fieur du Verney n'a fait aucuns fonds avec le fieur Barrême pour foutenir cette Loterie. Toutes les affaires confiées au fieur Barrême par le fieur du Verney, font comprifes dans le compte du 10 Octobre 1724, & on n'y remarque entr'eux aucune Societé pour foutenir la Loterie compofée. On voit feulement dans un article, que le fieur du Verney avoit confenti qu'on employât pour fon compte particulier quatre mille Loüis d'or pour aider à remplir cette Loterie. Auffi le fieur Duflos à la confrontation, a été obligé de reconnoître qu'il n'avoit entendu parler dans fa dépofition que d'un prêt de 300 Actions fait par le fieur du Verney à Vincent le Blanc, dont on parlera dans la fuite, auquel le fieur Barrême n'a jamais eu aucune part. Il faut donc rejetter la dépofition de Duflos, au moins comme inutile, & étrangere au fait de la Societé dans le

Billet

Billet de fept millions ; ce témoin d'ailleurs débiteur du Sr du Verney de plus de 4000 liv., Agent des fieurs Berfin, ne peut être admis
à dépofer contre le fieur du Verney. Il eft de l'interêt des fieurs
Berfin que le fieur Barrême ait des Affociez qui puiffent acquitter
fon Billet, & faire tomber le cautionnement de le Blanc. Duflos leur
Agent, & animé de leur efprit, pourroit-il faire foi en Juftice, s'il
dépofoit de la Societé? Mais il n'en a pas même parlé : on ne peut
donc faire aucun ufage de fa dépofition.

Il en eft de même de celle du nommé Richard Deftourneaux. Il
a été entendu deux fois. Dans la premiere dépofition il ne dit pas
un mot du fieur du Verney. Dans la feconde, il prétend que le fieur
du Verney avoit interêt de faire paffer le Récepiffé de cinq millions
en compenfation du Billet que le fieur Barrême devoit. Il ajoûte
que la raifon qui le détermine à le croire, eft qu'il fçait que le fieur
du Verney étoit intereffé avec le fieur Barrême, non-feulement
dans le Billet de fept millions, mais encore dans toutes les operations faites par le fieur Barrême. Quand on ne connoîtroit pas le caractere de ce Richard Deftourneaux, on feroit peu touché d'une
pareille dépofition ; car cet homme, qui dit en general qu'il fçait que
deux autres font Affociez, n'eft pas capable de faire une grande foi
en Juftice, lorfqu'il ne dépofe d'aucunes circonftances qui ayent
juftifié cette Societé. A-t-il vû l'Acte de Societé? En a-t-il entendu parler à un des Affociez? A-t-il vû les comptes rendus entr'eux?
A-t-il été chargé, tantôt par l'un, & tantôt par l'autre, d'affaires con-
cernant cette Societé? A-t-il jamais parlé au fieur du Verney, qui
ne l'a vû pour la premiere fois qu'à la confrontation? En ce cas il
pourroit faire quelque impreffion ; mais de dire en termes vagues,
je fçai que tel & tel font Affociez, c'eft donner les productions de
fon efprit & fes conjectures pour quelque chofe de réel. Le témoin
qui dépofe, doit expliquer des faits ; & lorfqu'il ne produit que fes
penfées, il ne merite pas même d'être écouté.

Mais quand on connoîtra ce même Deftourneaux, on achevera
de perdre toute confiance en un pareil témoin ; & pour le connoître, il fuffit de confulter fes propres dépofitions. Il s'y eft peint d'une
maniere fi naturelle, qu'il eft impoffible de s'y tromper. Il convient
que pendant le Miniftere de feu M. le Cardinal Dubois, il fut arrêté
en vertu d'une Lettre de Cachet, & mis au Fort-Levêque ; qu'en
étant forti depuis, M. le Contrôleur General *le traita en pleine Au-
diance de fripon, & lui dit qu'il étoit bienheureux qu'il ne l'avoit pas fait
pendre.* Après ce début fi honorable pour le témoin, il dépofe de
cent faits injurieux contre differens particuliers qui ne font point
accufez. Il s'égare dans une infinité d'objets : il voudroit tout em-
poifonner.

Que peut-on penfer après cela d'un tel témoin, finon qu'il peut
tout dire fans confequence ; que s'il dépofoit de quelques faits contre le fieur du Verney, on ne pourroit y ajoûter aucune foi ; mais
que ne produifant que fes penfées & fes conjectures, on lui a fait
trop d'honneur en les rappellant pour en découvrir la chimere?

D

Voilà cependant les feules dépofitions qui puiffent avoir quelque leger rapport à la prétenduë Societé pour le Billet de fept millions. Plus de trente autres Témoins entendus ne difent rien qui puiffe même la faire préfumer. L'information devient donc, on le peut dire, l'apologie du fieur du Verney.

Les Interrogatoires des fieurs Bouret & Barrême ne font pas plus propres à convaincre le fieur du Verney que les Informations. Quand ces deux Accufez auroient foutenu qu'il étoit intereffé dans le Billet des fept millions, une telle déclaration auroit-elle pû lui être oppofée? le fieur Barrême débiteur du Billet, feroit-il le maître de partager le poids d'un tel engagement, en fe donnant un Affocié? Par-là il travailleroit à fa décharge, & dépofant pour lui-même, il ne meriteroit aucune foi. De même le fieur Bouret étant garant de l'ordre qu'il a donné à Selvois, eft obligé de procurer le payement du Billet des fept millions. Il a donc intérêt de multiplier les débiteurs pour affurer de plus en plus le payement. Plus le fieur Barrême aura d'Affociez, & plus le fieur Bouret aura de débiteurs contre qui il pourra fe venger, pour rétablir le vuide de la Caiffe de Selvois qu'on lui impute. Ces deux Accufez ne pourroient donc jamais être admis comme témoins contre le fieur du Verney; & quelques déclarations qu'ils euffent pû faire, elle feroit fans force & fans confequence.

Mais l'interêt même qu'ils auroient d'entraîner le fieur du Verney dans leurs malheurs, n'a pas été capable de les engager à parler contre la verité.

Le fieur Barrême du moins n'a jamais héfité fur cette verité importante. Il a foutenu dans fes Interrogatoires que perfonne n'avoit été intereffé avec lui dans l'affaire des fept millions. Il a repeté vingt fois que le fieur du Verney n'y avoit eu aucune part, & n'en avoit pas même eu connoiffance. Il eft demeuré inébranlable fur cet article. De quelque côté qu'on l'ait retourné, il a réïteré avec fermeté fes premieres déclarations. Peut-on encore infifter après cela fur l'idée de cette prétenduë Societé? Perfonne n'en pourroit être mieux inftruit que le fieur Barrême. Perfonne ne pourroit avoir plus d'interêt à la faire valoir. Il la dénie cependant; il en rejette même le foupçon avec un courage que la verité feule peut infpirer.

Ainfi cette Societé qui n'exifte nulle part, & dont on ne trouve aucun veftige, eft encore defavouée par les prétendus Affociez. Sur quoi donc pourroit-on la fonder?

Le fieur Bouret n'a pas declaré non plus qu'il y eût une Societé entre les fieurs du Verney & Barrême; qu'il en eût aucune connoiffance perfonnelle; que l'un ou l'autre des Affociez lui en eût fait confidence. Il s'eft réduit à dire dans fes interrogatoires que Selvois le voyant inquiet fur l'étenduë des engagemens qu'il prenoit avec le fieur Barrême, l'avoit tranquilifé, en lui difant, que le fieur Barrême étoit de focieté avec le fieur du Verney, & lui avoit fait voir une lettre du fieur Barrême, qui lui mandoit que le fieur du Verney approuvoit la negociation. Mais fuppofant que

Selvois eût parlé ainſi au ſieur Bouret, ne voit-on pas que ce ſeroit un tour qu'il auroit pris pour l'entraîner dans le Traité? Il
partageoit, à ce que dit le ſieur Bouret, le profit de la negociation; il avoit interêt qu'elle ſe conſommât: il falloit pour cela
accrediter le ſieur Barrême, en ſuppoſant qu'il étoit ſoutenu par
un homme que l'on voyoit joüir de quelque conſideration. Cet
artifice dans lequel le ſieur Bouret auroit peut-être donné trop
groſſierement, pourroit-il exciter des ſoupçons contre le ſieur du
Verney? L'un deviendra-t-il coupable, parce que l'autre aura été
trop crédule?

· On ne prétend pas convenir pour cela de la prétenduë conver-
ſation de Selvois avec le ſieur Bouret: c'eſt un fait dont le ſieur
du Verney ne peut être inſtruit; mais en la ſuppoſant, ce ſeroit
une circonſtance indifferente.

Le dernier genre de preuve que les recherches faites contre le
ſieur du Verney ayent produit, conſiſte dans deux eſpeces de Bordereaux, papiers informes, qui ne preſentent aucune idée claire ni
ſuivie, que chacun peut interpreter à ſa mode, & dont le ſeul au-
teur de ces Bordereaux pourroit donner la clef, pourvû qu'il ſe ſou-
vînt exactement des idées qu'il avoit dans l'eſprit lorſqu'il les écrivit; car ſouvent les idées s'effacent; & après un certain temps,
on auroit bien de la peine ſoi-même à ſe rappeller ce qu'on a voulu dire par certaines notes abregées, & certains calculs. Quoi qu'il
en ſoit, ces Bordereaux ont été repreſentez au ſieur Barrême, qui
les a reconnus écrits de ſa main. Il eſt convenu que l'un repreſen-
toit les differentes parties de ſa negociation avec le ſieur Bouret,
qu'il avoit diviſée en trois operations: c'eſt celui au bas duquel
eſt écrit, *M. D. eſt intereſſé pour moitié dans la ſeconde operation, environ un ſixiéme au total.* On l'a preſſé de declarer de qui il avoit
voulu parler par ces lettres *M. D.* & il a répondu qu'il avoit voulu
parler du ſieur Dubreüil ſon beau-frere, parce qu'il avoit eu en effet
intention d'abord de l'aſſocier pour un ſixiéme; mais qu'ayant aban-
donné cette idée, elle étoit demeurée ſans effet. On a inſiſté pour
ſçavoir ſi ce n'étoit point le ſieur du Verney qui étoit indiqué par
ces lettres; & il a toûjours dit, qu'il n'y avoit jamais penſé; ob-
ſervant même qu'il n'y auroit pas eu d'apparence d'intereſſer le ſieur
du Verney pour une ſi foible portion, au lieu qu'il étoit tout naturel de ménager au ſieur Dubreüil ſon beau-frere, un petit avantage qu'il n'auroit pas même oſé offrir au ſieur du Verney. Il ſuffit
donc au ſieur du Verney d'employer les interrogatoires du ſieur
Barrême, pour faire tomber un ſoupçon d'ailleurs ſi peu fondé.

Le ſieur Barrême a declaré de même, que l'autre Bordereau ou
eſpece de compte qui eſt ſur une demie feüille de papier à lettre,
ne pouvoit jamais concerner le ſieur du Verney, quoi qu'il lui
fût impoſſible de ſe reſſouvenir de ce que ce Bordereau en lui-même pouvoit ſignifier. En effet, c'eſt une eſpece d'hieroglyphe, auquel on n'entend rien; & tout ce que l'on peut y appercevoir, eſt
qu'il ne peut regarder le ſieur du Verney, ni même l'affaire des

fept millions, ni rien qui y ait rapport. Ce Bordereau paroît dreſ-
fé au mois de Fevrier 1726. on y parle d'*un Compte rendu par Desf.
à M. B. de negociations en louis de 14 liv.* En un mot, on employe
la lecture de la piece même, pour établir qu'elle n'a aucun rapport
au Billet de fept millions. La feule comparaifon des dates & de la
valeur des Monnoyes, démontre cette verité : ce qui prouve que
tout cela fe paffoit à la fin de 1725. pour être confommé en Janvier 1726. Mais quel rapport tout ce jargon peut-il avoir avec la
prétenduë Société dans le Billet des fept millions, qui eſt ante-
rieur de deux ans à l'époque de ce Bordereau ?

Tout ce qui refulte donc de ces pieces, eſt que l'on a exactement parcouru tous les papiers du fieur Barrême, pour voir fi on
n'y appercevroit pas quelque veftige de cette Société imaginée entre le fieur du Verney & lui, & que toutes ces recherches n'ont
rien produit, puifqu'elles fe font terminées à recueillir des lam-
beaux fi méprifables. N'a-t-on pas eu raifon de dire dans ces circonftances que tout concouroit à la juſtification du fieur du Verney, jufqu'aux preuves même que l'on vouloit lui oppofer ?

Le premier chef d'accufation n'a donc pas de couleur : Non feulement il n'y a pas de Société, & on n'en peut rapporter aucune
preuve, mais tout fe réünit pour combattre cette chimere.

Il ne refte qu'à fatisfaire à quelques circonftances que l'on a relevées dans les interrogatoires du fieur du Verney, comme fi elles
étoient propres à foutenir l'idée de cette Société. Pourquoi, lui
a-t-on dit, vous êtes-vous adreffé au fieur Bouret pour avoir l'é-
tat de la Caiffe de Selvois ? Ne falloit-il pas plûtôt s'adreffer aux
Regiffeurs, à Selvois, ou même à M. de Baudry ? Pourquoi n'a-
vez-vous pas fait compter Selvois comme les autres Caiffiers, qui
recevoient des Certificats de Liquidation, & n'avez-vous pas fait
remettre à Brehamel ceux qui étoient dans la Caiffe de Selvois ?
Pourquoi n'avez-vous pas averti plûtôt M. le Contrôleur General
du Billet fait par le fieur Barrême ? D'où peuvent venir les trois
cens Actions que vous avez prêtées à le Blanc, fi ce n'eſt du fonds
que le fieur Barrême avoit reçû du fieur Bouret ? Pourquoi dans
le Compte du 10 Octobre 1724. avez-vous fait obferver que c'é-
toient les feules affaires que vous aviez euës avec le fieur Barrême ?
Enfin la date de ce Compte eſt-elle ferieufe ? Et n'a-t-il pas été
fait en 1726, pour détourner l'idée de la Société ?

Les réponfes que le Sieur du Verney a faites à ces queſtions,
diffipent tous les foupçons que l'on vouloit exciter. On fe con-
tentera de les expofer fimplement.

*Pourquoy le Sieur du Verney s'eſt-il adreffé au Sieur Bouret pour avoir
l'état de la Caiffe de Selvois, & ne s'eſt-il pas adreffé aux Regiffeurs, à Selvois, ou même à M. de Baudry ?*——————
—Quoiqu'il y eût plufieurs Regiffeurs, le Sieur Bouret paroiffoit
feul chargé de cette affaire ; il en faifoit les raports directement au
Miniftre, il étoit donc naturel de s'adreffer à luy : d'ailleurs le Sieur
du Verney avoit demandé au Sieur Bouret au mois de Janvier 1724.

un

un pareil état à l'occasion de la proscription qui avoit été annoncée pour le mois de Decembre 1723. Le Sieur Bouret avoit satisfait à cette premiere demande. La lettre du Sieur du Verney du 10. Mars 1724. produite par le Sieur Bouret même, lors des confrontations, en fait la preuve. Il convenoit donc de s'adresser encore à luy à la derniere proscription du mois de Mars 1724.

Pourquoy le Sieur du Verney n'a-t-il pas fait compter Selvois, & n'a-t-il pas fait porter les Certificats de Liquidation qu'il avoit reçus dans la Caisse de Bréhamel ? 1°. Il n'y étoit point obligé ; il n'avoit aucun titre, aucun caractere qui lui imposât cette obligation ; & en effet, il n'a fait compter personne. Ses fonctions, ny celles de ses freres ne se sont jamais étenduës jusques-là, pas même à l'égard des Comptables soumis à des administrations établies. Le Sieur du Verney a démontré dans sa Requeste que pour les parties dont luy & ses freres étoient chargez, toutes leurs fonctions se réduisoient à des dépouillemens de Registres journaux, par le moyen desquels on constatoit les recettes & dépenses, & on connoissoit en tout tems la situation actuelle de chaque Comptable. N'y ayant point eu d'administration pour la Regie du Traité des Offices Municipaux, le sieur du Verney ni ses freres n'ont jamais eu connoissance de ce qui s'y est passé. Si Selvois avoit été obligé d'envoyer tous les mois des copies de son Registre, l'affaire qui fait aujourd'hui tant d'éclat, ne seroit point arrivée ; car ayant fourni un premier Recepissé au sieur Bonnier dès le mois de Novembre 1723, & un autre au mois de Decembre suivant, il auroit été obligé de charger son Registre de ces deux Recettes ; au lieu que par la facilité qu'il avoit de garder en secret son Registre, & de n'en envoyer aucune copie, il a laissé des blancs à chaque opération, pour les remplir, lorsque le sieur Barrême auroit payé le Billet de sept millions. Mais le sieur du Verney n'étoit ni à portée de connoître ce désordre, ni revêtu de l'autorité necessaire pour le réprimer. 2°. Ce n'est pas même le devoir des Superieurs de procurer les décharges des Comptables. C'est à ceux qui ont interet de les obtenir, à les solliciter, & à se les faire donner. Il y a plus, c'étoit même un soin inutile à se donner par rapport à l'état de Selvois. On a expliqué cy-devant quelles étoient ses fonctions. Selvois établi par Arrest du Conseil pour recevoir seulement des Certificats de Liquidation de ceux qui vouloient acquerir des Charges Municipales, & leur en donner des reconnoissances, portant promesse de remettre aux Particuliers des Recepissez du Trésor Royal, Selvois, dit-on, ne pouvoit satisfaire les Porteurs de ses reconnoissances, qu'en remettant à Bréhamel ces mêmes Certificats de Liquidation, pour avoir en échange des assignations du Trésor Royal à convertir en Recepissez, à la décharge du Tresorier general des Parties casuelles, sans quoi Selvois n'étoit pas en état de retirer ses reconnoissances des mains des Particuliers. La circonstance étoit donc forcée à l'égard de Selvois de rapporter les Certificats de Liquida-

E

tion ; ne le faifant pas , les Porteurs de fes reconnoiffances étoient en état de fe plaindre , & même de le pourfuivre ; par confequent rien ne pouvoit engager le fieur du Verney à agir dans une affaire, où non feulement il n'avoit ni titre ni pouvoir , mais dans laquelle les Superieurs même étoient difpenfez de toute précaution par l'état de la chofe. 3°. Il y a beaucoup d'autres Comptables chargez de Certificats de Liquidation , qui ne les avoient point encore portez dans la Caiffe de Bréhamel au mois de Juin 1726, ainfi que les Certificats de Liquidation reçus aux Hôtels des Monnoyes , qui étoient encore dans ce tems-là entre les mains des Directeurs des Monnoyes. Selvois n'étoit donc pas le feul qui n'eût point encore fa décharge, comme on le voudroit faire penfer. 4°. Le fieur du Verney a fait par pur zele pour le fervice du Roi , ce qu'il n'étoit pas obligé de faire par état & par engagement. Il a fait demander l'état certifié veritable de la Caiffe de Selvois, comme il a fait demander de pareils états à tous les autres Caiffiers. La demande de cet état étoit une précaution fuffifante pour prévenir toutes les prévarications. Le fieur Bouret ayant negligé d'y fatisfaire par rapport à la Caiffe de Selvois, M. le Contrôleur General lui a donné des ordres fur les plaintes du Sr du Verney. Il a donc fait beaucoup plus qu'on ne lui pouvoit demander. C'eft par fes foins & par fon attention , que le vuide de la Caiffe de Selvois a été découvert, & que le Billet de fept millions a été connu du Miniftre. Comment donc peut-on lui reprocher fa négligence à l'égard de la Caiffe de Selvois, comme une conjecture de l'interêt qu'il pouvoit avoir dans le Billet des fept millions, quand c'eft au contraire à lui feul qu'on eft redevable de ce que le myftere a été dévoilé ? Cette circonftance parle fi hautement en fa faveur , qu'elle fuffiroit pour fa juftification ; cependant on transforme en quelque maniere fon zele & fa vigilance en une inaction affectée pour favorifer le fieur Barrême : on n'y a pas fans doute fait reflexion.

Pourquoi le fieur du Verney n'a-t-il pas averti plûtôt M. le Contrôleur Général du vuide de la Caiffe de Selvois ? Le fieur du Verney a répondu qu'il ne fçavoit pas précifément ny en quel temps l'état de la Caiffe de Selvois lui avoit été envoyé, ny en quel temps il avoit inftruit M. le Contrôleur Général des circonftances de cet état. En effet, comment feroit-il poffible que le fieur du Verney eût prefentes à fon efprit des dates d'un temps fi éloigné, pour fe fouvenir de celui où il a reçû l'état du fieur Bouret , qui comprenoit le Billet du fieur Barrême , & le temps où il en a rendu compte ? Il eft même moins redevable à fa mémoire de ce qu'il a répondu aux nombreux Interrogatoires qu'il a fubis , qu'aux pieces trouvées fous les fcellez des fieurs Bouret & Barrême , & dans la réprefentation defquelles il a trouvé les fecours que fa mémoire ne lui auroit jamais fournis pour établir fa défenfe. Tout ce qu'il fçait fur cette queftion, eft, que ce n'eft que par lui feul que Mr le Contrôleur Général a pû fçavoir ces circonftances ; & que le cautionnement donné par le Blanc , étant du mois de Janvier 1725, il falloit qu'il y eût déja un temps con-

fiderable que M^r le Contrôleur Général fût informé du Billet du
fieur Barrême. Au furplus que M^r le Contrôleur Général l'ait fçû
un peu plûtôt ou plûtard, on ne voit pas de quelle confequence
cela peut-être : il l'a fçû toujours : il a pris pour les interêts du Roi
les précautions qu'il a crû neceffaires ; & c'eft le fieur du Verney
qui l'a mis en état de le faire. Que peut-on donc imputer au fieur
du Verney ?

Mais il a prêté ou fait prêter trois cent actions à le Blanc, & elles ne
pouvoient provenir que des fonds remis au fieur Barrême pour la valeur de
fon Billet. Eft-ce donc là une chofe dont il foit neceffaire de fe défendre ? Quoi, le fieur du Verney n'auroit pas pû prêter trois cens
Actions à le Blanc, fans les tirer d'un fonds de focieté avec le fieur
Barrême dans l'affaire des fept millions ! Cela fe peut-il propofer ?
On auroit pû en demeurer à cette réponfe fimple, naturelle, & qui
ne jette dans aucune difcuffion ; mais pour porter la lumiere de la
verité jufques fur les circonftances les plus indifferentes, le fieur du
Verney a rendu compte dans fes Interrogatoires des circonftances du
prêt fait à le Blanc ; & tout ce qu'il a avancé à cet égard dans fes Interrogatoires, a été confirmé par le fieur Berfin, & par ~~le fieur~~ Duflos
à la confrontation.

Il eft certain d'abord que le fieur du Verney n'avoit jamais eu aucune relation d'affaires ny d'interêt avec le Blanc avant 1724.
On a appofé le fcellé fur les papiers de le Blanc ; & il eft conftant
qu'on n'y a rien trouvé qui pût concerner le fieur du Verney, qui a
toujours eu autant d'éloignement pour le commerce de papier, que
le Blanc au contraire avoit d'attachement pour ce genre de négociation.

Mais le fieur du Verney ayant été nommé Syndic General de la
Compagnie des Indes en 1724, & étant obligé par confequent de
veiller aux interêts de cette Compagnie, il a crû qu'il étoit de fon
devoir de concourir, autant qu'il feroit poffible, à en foutenir les
opérations.

Differentes Loteries avoient été établies au commencement de
1724, autant pour l'interêt de l'Etat, que pour l'avantage de la
Compagnie des Indes. La plus confiderable étoit celle que l'on ap-
pelloit la Loterie Compofée, dont le fonds devoit être de plus de
vingt millions. Les Billets, qui étoient de 300 liv. en argent, & de
deux dixiémes d'Action, s'acqueroient par foufcriptions ; en forte
que chaque Intereffé ne devoit payer le prix de fon Billet qu'en differens termes ; & la Loterie elle-même fe tiroit en differentes claf-
fes.

Toutes les foufcriptions ayant été remplies, & les premiers
payemens faits, plufieurs des Intereffez fe trouverent hors d'état
de continuer les autres payemens ; ce qui pouvoit leur caufer une
perte confiderable.

L'interêt que le Roi & la Compagnie des Indes avoient également que la Loterie fût remplie, engagea à traiter avec le Blanc,
pour qu'il retirât tous les Billets, & qu'il fe chargeât de les remplir.

Ce fut pour lui faciliter cette opération, que le fieur du Verney vou-
lut bien lui prêter, ou lui faire prêter 300 Actions, qui devoient
fervir à payer un dixiéme d'Action pour la nourriture de trois mille
Billets de la Loterie compofée. Ce prêt fut fait fans aucune utilité
pour le fieur du Verney, fur le feul Billet de Blanc, portant promeffe de remettre les trois cent Actions, pour fûreté defquelles il
dépofa trois mille Billets. Il n'a jamais rendu que cinquante Actions,
pour lefquelles le fieur du Verney eut la facilité de lui faire remettre mille Billets. Il reftoit débiteur de deux cent cinquante Actions;
mais le fieur du Verney ne voulant plus entendre parler de lui, lui
fit remettre fa promeffe de fournir deux cent cinquante Actions en
retirant la reconnoiffance des deux mille Billets; en forte que le
fieur du Verney a perdu réellement deux cent cinquante Actions
d'un prix confiderable pour deux mille Billets qui lui font reftez,
& qui n'étoient d'aucune valeur, parce que les derniers payemens
n'avoient point été faits. Tous ces faits, comme on l'a déja dit,
ont été reconnus à la confrontation par les fieurs Berfin & par Duflos leur Agent; les feuls Témoins qui en euffent connoiffance, &
qui en pouvoient dépofer.

Voilà l'unique engagement que le fieur du Verney ait jamais eu
avec le Blanc; engagement funefte au fieur du Verney, & qu'il
n'avoit contracté que dans la vûë de foutenir une Loterie que l'on
regardoit comme également utile à l'Etat, & à la Compagnie des
Indes. Eft-il permis après cela de lui faire un reproche, & prefque
un crime d'un facrifice qui lui coûte fi cher?

Les demandes que l'on a faites au fieur du Verney fur le compte
arrêté avec le fieur Barrême le 10 Octobre 1724, ne paroiffent pas
plus convenables. *Pourquoi, dit-on, dans ce compte de 1724. le fieur
Barrême a-t-il declaré que les affaires qui y font expliquées, font les feules
qu'il ait eûës avec le fieur du Verney?* La réponfe n'eft pas difficile: c'eft
qu'il a voulu rendre témoignage à la verité. Mais c'eft une précaution extraordinaire, ajoute-t-on, qui marque que le fieur du Verney a voulu acquerir une preuve qu'il n'étoit point intereffé dans
l'affaire des fept millions; comme fi on pouvoit ainfi interpreter
les actes les plus innocens, & faire tourner à la conviction d'un
accufé, ce qui établit le plus fon innocence. Il n'étoit point queftion
de l'affaire des fept millions au mois d'Octobre 1724; jamais le
fieur du Verney n'y avoit pris aucune part; & toute fa conduite
faifoit affez connoître, que loin d'y être intereffé, & de l'enveloper
de tenebres, il avoit feul contribué à la découvrir. Pourquoi donc
auroit-il pris des précautions pour n'être point regardé comme
intereffé dans cette affaire? Aucun titre ne l'engageoit, aucune démarche ne pouvoit le faire paffer pour affocié : pourquoi auroit-il
recherché une décharge?

L'objet du compte étoit de retirer de la part du fieur du Verney
la valeur des fonds confiés au fieur Barrême, & de folder abfolument
avec lui. On a mis à la fin du compte une décharge generale & réci-
proque, en reconnoiffant que les Parties n'avoient jamais eu d'autres

tres affaires entr'elles que celles comprifes dans ce compte ; cela eft-il donc fi extraordinaire ?

Mais la date du compte eft fufpecte ; il y a apparence qu'il n'a été fait qu'au mois de Juin 1726, & qu'on l'a antidaté du mois d'Octobre 1724. On peut donner carriere à fon efprit pour former des foupçons arbitraires ; mais de telles idées donneront-elles atteinte à la foi d'un Acte qui fubfifte par lui-même? Il faudroit paffer à l'infcription de faux, fi on vouloit en tranfpofer la date : jufques-là l'Acte fait preuve par lui-même.

Il eft toûjours facile de répandre des nuages fur ce qu'il y a de plus clair & de plus décifif ; mais la verité éclate par elle-même : la Cour, qui ne cherche qu'à la faire triompher, doit la reconnoître dans tout ce que l'on vient de propofer pour la juftification du fieur du Verney fur ce premier Chef. Les preuves qu'il a rapportées, & celles qu'on a cru pouvoir lui oppofer, concourent également à mettre fon innocence dans tout fon jour.

SECOND CHEF D'ACCUSATION.

On a difcuté jufqu'à prefent un objet réel & ferieux. Il s'agiffoit de fçavoir fi le fieur du Verney avoit quelque part dans le divertiffement que l'on prétend avoir été fait de fept millions d'effets, qui devroient être dans les Caiffes du Roi, & qui ne s'y trouvent point.

Le nouveau Chef d'accufation eft d'une nature fort differente. On a voulu, dit-on, rendre le Roi débiteur d'un Récepiffé de cinq millions ; on a voulu le faire fervir à une compenfation jufqu'à dûë concurrence avec le Billet du fieur Barrême. Il eft vrai que cela n'a point été executé ; mais n'importe, on a eu cette penfée, & c'en eft affez pour former un crime, & dénoncer des coupables à la Juftice.

Pour rendre cette accufation plus perfonnelle au fieur du Verney, on a prétendu que fur ces projets de compenfation, il avoit dit dans un entretien qu'il eut avec Duflos, que fi on donnoit quatre cens mille livres à une Puiffance, elle feroit remettre à le Blanc le Récepiffé de cinq millions qui étoit entre les mains du fieur Hallée. On convient encore que cela n'a point été fait ; qu'on n'a point payé les quatre cens mille livres en tout, ni en partie ; qu'on n'a point fait remettre à le Blanc le Récepiffé qui étoit entre les mains du fieur Hallée ; en un mot, que tous ces projets fe font évanouis. Cependant ces vûës, ces projets, ces idées font les feuls prétextes de la nouvelle accufation.

Il fuffit qu'elle foit expliquée pour la juftification des Accufez ; cependant comme elle regarde particulierement le fieur du Verney, qu'on peut dire même qu'elle n'eft dirigée que contre lui feul, il va reprendre fommairement les faits qui y ont rapport, après quoi il établira fans peine, non-feulement qu'il n'y a pas de corps de délit, mais que fi on pouvoit en fuppofer un, loin d'y avoir quelque part,

F

il auroit contribué plus que perfonne à le détourner.

Vincent le Blanc s'étoit obligé de payer fept millions au mois de Juillet 1725, en cas que le Billet du fieur Barrême ne fût point acquitté. Il tomba dangereufement malade au commencement de 1726. Le fieur du Verney, pour fatisfaire aux ordres qu'il avoit reçûs, manda Duflos, Agent de le Blanc. Il le menaça des plus ri-goureufes pourfuites, fi on ne payoit pas. Duflos, pour empêcher que le Roi ne fît appofer le Scellé, offroit tous les jours de nouveaux effets en payement. La miffion du fieur du Verney n'étoit pas d'ac-cepter les effets offerts, ni de les prendre en payement; ce n'étoit que d'aller, pour ainfi dire, à la découverte. A mefure qu'il acque-roit des connoiffances, il en rendoit compte: c'étoit à quoi fe bor-noit toute fa fonction.

Entre les differens effets propofez, Duflos parla d'un Récepiffé de cinq millions, étant entre les mains du fieur Hallée. Le fieur du Verney ne l'a jamais vû: comment auroit-il pû l'accepter en paye-ment, quand il en auroit eu le pouvoir?

On a appris depuis, par un incident dont on rendra compte dans la fuite, que ce Récepiffé eft du 19 Avril 1720; que le fieur Ri-viere Commis du grand Comptant du Tréfor Royal, y reconnoît avoir reçû du fieur Hallée fon prédeceffeur cinq cens Billets de Ban-que de dix mille livres chacun, dont il eft dit qu'il lui fera tenu compte par M. Gruyn Garde du Tréfor Royal. Le Blanc prétendoit que ce Récepiffé lui appartenoit.

Il mourut dans l'intervalle de ces negociations. Malgré les inftan-ces de Duflos, le Scellé fut appofé par ordre du Roi. Les heritiers firent de nouveaux efforts pour payer le Roi. Ils offrirent toûjours le Récepiffé de cinq millions. Le fieur du Verney entendoit toutes leurs offres; mais il n'étoit point de fon miniftere de les accepter. Ils le prierent enfin le 10 Juin 1726 de fe charger au moins d'un Memoire pour M. le Contrôleur General, contenant leurs propofi-tions. Il étoit difficile de fe refufer à une pareille demande. Il vou-lut bien s'y engager. Me Bronod, Avocat au Confeil, dépofitaire de l'Original figné du fieur Berfin, en remit le lendemain une Copie au fieur du Verney.

Le fieur Berfin offroit par ce Memoire, comme on l'a dit, le Ré-cepiffé de cinq millions, un million de Billets d'Hogguer, Créancier du Roi de fommes plus confiderables, & un autre million, ou en Billets d'Hogguer, ou en Liquidations, ou en Rentes fur les Tail-les, ou en Billets de Chatelain. Il ajoute: *Et pour parvenir à faire paffer les effets ci-deffus, les Legataires univerfels de M. le Blanc offrent à Monfeigneur le Contrôleur General d'abandonner fept mille Billets de la Loterie compofée de la Compagnie des Indes, faifant partie des fept mille neuf cens treize Billets qui font en dépôt entre les mains de Rivet, le tout aux conditions ci-après.* Ce Memoire, comme on le voit, étoit adreffé à M. le Contrôleur General; ainfi le fieur du Verney ne s'étoit en-gagé qu'à le remettre. C'étoit au Miniftre à en faire le rapport, & à prendre les ordres du Roi fur les propofitions.

Mais par la révolution du mois de Juin 1726. le Memoire ne fut pas même remis ; toutes chofes font demeurées au même état qu'auparavant. La fucceffion de le Blanc eft demeurée débitrice du Billet du fieur Barrême en vertu du cautionnement : tous les effets par elle offerts lui font demeurés : les chofes font entieres de toutes parts.

Cependant ces propofitions, de donner au Roi le Récepiffé de cinq millions en payement, font l'unique objet de la feconde plainte de M. le Procureur General. On a prétendu que le Roi n'étoit pas débiteur du Récepiffé ; & qu'on n'avoit pas dû le propofer comme un objet de compenfation. C'étoit une queftion purement civile que l'on pouvoit agiter contre la fucceffion de le Blanc ; mais il étoit difficile de concevoir que cela pût devenir l'objet d'une plainte.

Ce qui a fuivi le juftifie de plus en plus. Les heritiers de le Blanc, qui loin de fe regarder comme criminels, en offrant la compenfation du Récepiffé, croyent au contraire qu'on ne pourroit la refufer fans injuftice, ont prefenté le fix Février 1727 une Requête au fieur Lieutenant Criminel, par laquelle ils ont demandé permiffion d'informer contre ceux qui avoient diverti des effets de la fucceffion de le Blanc, & de les faifir & revendiquer. En vertu de l'Ordonnance du fieur Lieutenant Criminel, le Commiffaire Carterot s'eft tranfporté le 20 du même mois de Février chez le fieur Hallée, pour faifir & revendiquer l'Original du Récepiffé de cinq millions. Le fieur Hallée fe plaignit de la faifie & revendication. Il prétendit qu'il avoit fait au Roi une remife gratuite & volontaire de la fomme de cinq millions, & que c'étoit une infulte qui lui étoit faite de la part des fieurs Berfin, qui n'étoient point Proprietaires du Récepiffé. Le Procureur des fieurs Berfin repliqua que le Récepiffé reprefenté juftifioit que ce n'étoit pas une remife faite au Roi, mais un effet actif fur le Tréfor Royal, pour être tenu compte de la valeur fournie réellement. Il ajoûta qu'on n'ignoroit pas d'où étoit provenu le fonds de ce Récepiffé ; que c'étoit le fieur le Blanc qui l'avoit fourni ; & demanda qu'il fût fait un référé chez le fieur Lieutenant Criminel. Le Commiffaire donna Acte de la reprefentation du Récepiffé, qui fut faifi à la requête des fieurs Berfin, & ordonna qu'il en feroit par lui référé.

Monfieur le Procureur General inftruit de cette Procedure, dans laquelle deux Parties reclamoient la proprieté du Recepiffé, dont il prétendoit que le Roi n'étoit pas débiteur, a fait évoquer ces conteftations à la Cour. Il a depuis appellé de l'Ordonnance du 6. Février 1727, portant permiffion de faifir & revendiquer ; ce qui a été joint au Procès criminel.

Il étoit neceffaire de reprendre ces faits, pour avoir une connoiffance exacte de tout ce qui a rapport au Recepiffé de cinq millions ; titre dont on prétend que l'on a voulu rendre le Roi débiteur ; ce qui ne fe pouvoit faire fans crime.

C'eft le fecond chef d'accufation formée contre le fieur du Verney. Sa défenſe eſt ſimple : elle ſe réduit à deux Propoſitions.

La premiere eſt qu'on n'entrevoit pas même ici de corps de délit.

La deuxiéme, que quand il y en auroit un, on ne pourroit jamais établir que le ſieur du Verney y eût participé.

On dit d'abord qu'il n'y a point de corps de délit. *On a voulu*, dit-on, *rendre le Roi débiteur d'un Recepiſſe de cinq millions*. Mais premierement, ce n'eſt donc qu'un ſimple projet, qu'une ſimple idée. Et depuis quand une penſée, une intention, eſt-elle donc devenuë un crime, du moins qui fût du reſſort de la juſtice humaine ? Eſt-elle deſtinée à réparer ou à punir les erreurs de l'eſprit, les égaremens même de la volonté, tant qu'ils n'ont rien produit au dehors qui fût condamnable ? C'eſt à Dieu ſeul qu'il eſt réſervé de ſonder le fond des cœurs, de condamner des volontez injuſtes, des deſſeins contraires aux regles de ſa ſouveraine équité. Pour les hommes, de quelque autorité qu'ils ſoient revêtus, ils ne condamnent que les actions, ou les efforts exterieurs que l'on a faits pour les commettre : mais dès qu'on eſt demeuré à la ſimple penſée, & à une volonté ſans effet, on n'eſt point expoſé à leur cenſure, & encore moins à leurs châtimens.

Le titre ſeul de l'accuſation ſuffit donc pour l'écarter. *On a voulu rendre le Roi débiteur*, mais on ne l'a pas fait ; il n'y a donc point d'objet dans l'accuſation, point de crime, point de corps de délit.

Mais allons plus loin. Ce projet auroit-il été un crime s'il avoit été exécuté ? *On a voulu rendre le Roi débiteur*. Mais ne l'étoit-il pas en effet ? N'y avoit-il pas un Recepiſſé qui chargeoit le Treſor Royal ? Le fonds de la valeur du Recepiſſé n'a-t-il pas été réellement fourni ? Le ſieur Riviere ne s'eſt-il pas chargé en recette de ces cinq millions dans ſes comptes ? Eh ! comment donc concevoir que le Roi n'en ſoit pas débiteur ? Ce n'eſt pas une quittance que le ſieur Riviere a fournie à un débiteur, mais c'eſt un Recepiſſé donné à un créancier ; cela eſt ſi vrai, que le ſieur Hallée dans ſes comptes, n'a point fait dépenſe de cette ſomme de cinq millions. C'étoit donc un effet actif ſur le Treſor Royal, comme tous les autres Recepiſſez qu'on y délivre chaque jour.

Quand on auroit compenſé ce Recepiſſé avec le Billet du ſieur Barrême, on ne voit donc pas ce qu'il y auroit eu en cela de criminel ou d'injuſte. Le Roi devoit d'une part, il lui étoit dû de l'autre ; la compenſation étoit après cela une operation naturelle ; c'étoit même un devoir de juſtice.

Mais ſuppoſons que le Roi ne fût point réellement débiteur, & qu'on n'eût pas eu la ſimple volonté de compenſer, mais qu'on eût conſommé la compenſation même, y auroit-il encore un corps de délit ? Le Roi n'étoit pas débiteur, on le ſuppoſe ; mais il faut avouer au moins, qu'il étoit facile de s'y tromper. On parloit d'un Recepiſſé du Commis du Grand-comptant du Tréſor Royal ; qui n'auroit crû d'abord que c'étoit un fonds reçu par le Roi, & dont il devoit tenir compte ? Ce ſera une erreur, ſi l'on veut, mais une

25

une erreur bien naturelle, & par conſequent bien innocente. Eſt-on donc criminel, parce qu'on n'eſt point infaillible ?

Plus on approfondit l'accuſation, & moins on peut donc entrevoir un corps de délit. C'eſt un ſimple projet ſans execution ; projet de faire faire une compenſation juſte, ou une compenſation du moins qu'il étoit naturel de regarder comme juſte, quand elle ne l'auroit pas été.

Mais ce qui confirme la verité de cette premiere Propoſition, eſt qu'actuellement les ſieurs Hallée & Berſin ſont en inſtance en la Cour, pour ſçavoir à qui des deux le Recepiſſé appartient. Tous réunis contre M. le Procureur General, ſoutiennent que le Roi en eſt débiteur. Ils ne ſont diviſez entr'eux que pour ſçavoir qui profitera de la créance ; mais tous deux prétendent être créanciers du Roi. Leur en fait-on un crime ? La Cour les a-t-elle décretez, parce qu'ils veulent rendre le Roi débiteur ? Ce n'eſt plus ici un ſimple projet ; ce n'eſt plus une volonté demeurée ſans execution : c'eſt une demande formée, une action ſuivie ; action qui peut être condamnée, mais qui ne peut être punie. Et ſi ce n'eſt point un crime aujourd'hui de ſoutenir le Roi débiteur, ſeroit-ce un crime de l'avoir penſé auparavant ?

Le ſieur du Verney pourroit donc adopter le prétendu crime qu'on lui impute. Il n'auroit aucune raiſon pour le déſavouer, ſi veritablement il y avoit eu quelque part. Mais jamais il n'eſt entré dans les vûës ni dans les deſſeins du ſieur le Blanc, ni de ſes heritiers. C'eſt la ſeconde Propoſition, qui doit écarter de plus en plus l'accuſation formée contre lui.

En effet, quelles démarches a-t-il donc faites pour faire paſſer le Récépiſſé de cinq millions ? a-t-il preſſé, ſollicité le Gouvernement ? s'eſt-il engagé verbalement ou par écrit ? y a-t-il eu quelque démarche de ſa part, qui caracteriſe ſon dévoüement aux intérêts de le Blanc ? On ne voit rien, on n'entend rien : comment donc l'impliquer dans cette accuſation ?

Il eſt vrai que Duflos Agent de le Blanc, & que le ſieur Berſin depuis, a propoſé au ſieur du Verney en differentes occaſions le Récépiſſé de cinq millions, pour ſervir en partie à payer le Billet du ſieur Barrême ; mais pourroit-on empêcher un débiteur d'offrir ce qu'il croyoit convenable à ſa liberation. Le ſieur du Verney étoit prépoſé pour écouter les offres ; on lui en faiſoit de cent eſpeces differentes ; bonnes ou mauvaiſes, juſtes ou injuſtes, il falloit tout entendre. Mais ſi les Miniſtres, ou ceux qui ont miſſion de leur part, devoient reponde de toutes les propoſitions qui leur ſont faites, ſi on pouvoit les regarder comme leur propre ouvrage, il leur ſeroit impoſſible d'éviter les reproches les plus ſanglans ſur une infinité de propoſitions, ou plus injuſtes, ou plus abſurdes les unes que les autres.

Il eſt vrai qu'on a voulu inſinuer que le ſieur du Verney avoit paru adopter ces propoſitions, en demandant quatre cens mille livres pour une Puiſſance qui feroit remettre à le Blanc le Récépiſſé

G

qui étoit entre les mains du sieur Hallée : mais cette circonstance, par laquelle on a voulu impliquer le sieur du Verney dans l'affaire du Récépissé, n'est pas mieux établie que les autres ; ou plûtôt elle est combattuë par des preuves si décisives, qu'il n'est plus permis de la regarder comme sérieuse.

On a déja fait voir dans la Requête du sieur du Verney du 16 Juin 1727, que la proposition des 400000 liv. auroit été absurde de sa part. On suppose dans le Procès, qu'il étoit associé du sieur Barrême : il avoit donc interêt de faire payer le Billet de sept millions, & pour cela de faciliter la compensation de ce Billet avec le Récépissé de cinq millions. Cependant contre son propre interêt, il auroit mis un obstacle invincible à la compensation, en demandant une somme exorbitante de 400000 liv. cette proposition choque trop toutes les regles de la vraisemblance pour pouvoir être admise.

D'ailleurs le Récépissé de cinq millions d'Effets valoit à peine les 400000 liv. en argent. Comment concevoir que le sieur du Verney eût demandé la valeur même du Récépissé pour le faire passer ? C'auroit été le faire perdre à le Blanc, au lieu de lui en procurer l'emploi.

Ce reproche tombe donc de lui-même. Mais qui sont d'ailleurs les Témoins qui paroissent le soutenir ? Ce sont les sieurs Berfin & Duflos, qui interessez tous deux à faire juger la succession de le Blanc créanciere de ce Récépissé, ont cru par là donner quelque poids à leur prétention : ce sont les Parties mêmes qui déposent en leur faveur.

Ils ne disent pas même que le sieur du Verney ait demandé quatre cens mille livres pour une Puissance, qui feroit recevoir le Récépissé en compensation du Billet du sieur Barrême, mais seulement qui le feroit remettre à le Blanc, par le sieur Hallée, ce qui est fort different ; car quoiqu'on puisse dire que cette remise du Récépissé ne tendoit qu'à charger le Roi, en parvenant à la compensation, il est cependant certain que suivant les dépositions des sieurs Berfin & Duflos, le prix des quatre cens mille livres se bornoit uniquement à faire remettre le Récépissé à le Blanc, sauf à lui ensuite à le faire valoir comme il pourroit. En matiere d'accusation on ne supplée point au fait dont le Témoin dépose. Si les discours des sieurs Berfin & Duflos pouvoient donc mériter quelque foi, il faudroit les renfermer dans l'objet qu'ils presentent ; & cet objet n'interesseroit jamais le Roi, ni l'Etat, puisque le Roi n'auroit fait que changer de Créancier.

Mais ce qui acheve d'écarter ces fausses suppositions, c'est le Mémoire même que le sieur Berfin avoit déposé entre les mains de Me Bronod, & dont une copie avoit été remise au sieur du Verney. Il l'a representée lors de la confrontation à Me Bronod, qui a reconnu que c'étoit la même qu'il avoit fournie. Ce Memoire contient les propositions faites par le sieur Berfin à M. le Contrôleur General, pour acquitter le Billet du sieur Barrême, dont le Blanc s'étoit rendu Caution. Il y propose, comme on l'a dit, de donner en paye-

ment le Récépiffé de cinq millions , un million en Billets d'Hogguer , & l'autre million en differens Billets à fon choix. Il ajoute
que pour faire paffer ces effets, il offre d'abandonner 7000 Billets
de la Loterie compofée de la Compagnie des Indes , à condition
qu'on lui conftituera des Rentes pour les 913 Billets reftans, dont
les arrerages feront retenus à mefure qu'ils écheront , jufqu'à
ce que la Compagnie foit payée de ce qui lui eft dû pour mettre les
913 Billets à leur perfection.

Il réfulte de ce Memoire que les Heritiers de le Blanc n'a-
voient prétendu donner aucune recompenfe pour parvenir à
payer le Billet de fept millions avec les Effets propofez, puifque le
Memoire n'en indique aucune. Et comme on auroit pû prétendre
que cette convention étoit fecrete , le fieur du Verney , pour aller
au devant de cette objection, a interpellé Mᵉ Bronod & le fieur
Berfin à la confrontation, de declarer s'il y avoit jamais eu d'autres
propofitions que celles contenuës dans le Memoire. Le fieur Berfin a repondu *qu'il n'y avoit point eu d'autres conventions & conditions
que celles portées au Memoire; & Mᵉ Bronod, qu'il n'avoit aucune connoiffance qu'il eût été fait d'autres propofitions que celles contenuës dans le Memoire reprefenté.* Les propofitions du Memoire étoient donc pures
& fimples, & fans aucune charge de recompenfe.

Dira-t-on encore, que fi le fieur Berfin n'a rien offert ni par le
Memoire ni autrement , cela n'empêche pas que le fieur du Verney n'ait demandé ce qu'il n'a pas obtenu? Mais en ce cas , peut-
on imaginer que le fieur Berfin fe fût adreffé au fieur du Verney
pour prefenter fon Memoire à M. le Contrôleur General ; & que
le fieur du Verney refufé , eût eu la complaifance de s'en charger?
Tout revolte dans de pareilles idées : il faut donc convenir que
ce Memoire foutenu des declarations de Mᵉ Bronod , & du fieur
Berfin , à la confrontation , ne permettent plus d'infifter fur un
reproche fi odieux.

L'autorité décifive de ce Memoire faifant tomber l'idée que
l'on a voulu donner, il femble qu'on ait prétendu en fubftituer
une autre. On a fuppofé que les 7000 billets de la Loterie compofée, que le fieur Berfin offroit d'abandonner par ce Memoire,
étoient apparemment la récompenfe promife : mais cette nouvelle idée ne fert qu'à faire connoître combien il y a peu de fondement dans les reproches que l'on fait au fieur du Verney , puifqu'on eft obligé de les changer chaque jour ; & d'ailleurs cette
idée eft encore détruite par le Memoire même.

En effet, les 7913 billets dont il eft parlé dans cette piece,
étoient des billets de la Loterie compofée de la Compagnie des
Indes. Pour en acquerir la pleine propriété, il y avoit differens
payemens à faire de la part des Porteurs ; & faute d'y fatisfaire,
on n'avoit point de part au fort de la Loterie. Il y en avoit de
cette nature un grand nombre dans les mains du Public, qui n'a-
voient point été remplis, & pour chacun defquels il reftoit à
payer fur une partie 200 liv. en argent, & deux dixiémes d'Ac-

tion; & fur d'autres 200 liv. en argent & un dixiéme d'Action feulement. Le Gouvernement, fenfible à la perte que les Porteurs de ces billets alloient faire, n'étant point en état de faire ce der-nier payement, engagea le Blanc à fe charger envers la Compa-gnie des Indes de remplir tous ces billets, & par confequent de rembourfer aux particuliers les avances par eux faites. Il en paffa un Acte avec les Directeurs de la Compagnie des Indes, approu-vé de Meffieurs les Commiffaires du Confeil, à condition que ces billets joüiroient du fort de la Loterie, même avant que d'être remplis. Après que la Loterie fut tirée, le Blanc remplit feule-ment les billets qui avoient gagné des Lots, & retira ces mêmes billets remplis ; ce qui reduifit le nombre des billets non remplis à 7913, qui refterent en dépôt entre les mains du Caiffier de la Loterie ; enforte que le Blanc étoit debiteur de fommes immenfes envers la Compagnie des Indes. Ce fut pour raifon de cette créan-ce qu'elle forma oppofition au fcellé appofé fur les effets de le Blanc après fon decès.

C'eft dans cette circonftance que le fieur Berfin, Legataire uni-verfel de le Blanc, donna le Memoire dont on vient de parler : il propofe fur les 7913 billets d'en abandonner 7000, à condi-tion qu'on lui conftituera des rentes pour les 913 reftans, & qu'on en retiendra les arrerages jufqu'à ce que la Compagnie des Indes foit payée de ce qui lui eft dû par la fucceffion pour les 913 Billets qui lui doivent refter ; & en confequence que la Compagnie des Indes donnera main-levée de fon oppofition au fcellé.

Il eft évident que cet abandon qu'il propofe, n'eft qu'un abandon à la Compagnie des Indes, puifque c'étoit elle qui en devoit payer le prix par la conftitution de rente que le fieur Berfin demandoit, & par la main-levée de fon oppofition. Le fieur Berfin lui-même en eft convenu en plufieurs occafions. Il auroit été abfurde de pro-pofer cet abandon à quelque Puiffance ; car s'il avoit fallu payer ce qui reftoit dû fur ces Billets, l'abandon auroit été onéreux. Le Blanc lui-même ou fa fucceffion ne vouloit pas s'en charger. Quel prefent auroit-il donc fait ? C'eût été donner pour recompenfe le poids d'un payement qu'il trouvoit trop à charge. Si au contraire les 7000 Billets étoient abandonnez à une Puiffance, fans qu'elle fût obligée de payer ce qui reftoit dû fur ces Billets, la perte tom-boit fur la Compagnie des Indes, qui auroit été privée du droit d'é-xiger de le Blanc ou de fa fucceffion 200 liv. d'argent & deuxdi-xiémes d'Action fur environ 2000 de ces Billets, & 200 en ar-gent & un dixiéme d'Action feulement pour le furplus des Billets : pouvoit-on impofer une telle loi à la Compagnie des Indes contre l'autorité du titre par lequel le Blanc étoit engagé envers elle ?

Il eft donc impoffible de fuppofer que cet abandon fût propofé pour quelque Puiffance. Il eft évident, que c'eft à la Compagnie même que l'on vouloit remettre ces 7000 Billets. Le fieur Berfin comptoit prendre un arrangement convenable à la Compagnie par le facrifice de 7000 Billets, dont une partie de la valeur avoit été

fournie.

fournie. Il comptoit que le Roi qui protege cette Compagnie, & qui a toujours témoigné n'avoir rien plus à cœur que de la faire fleurir, lui tiendroit compte de cette efpece de facrifice ; & qu'en confequence de l'avantage qui en revenoit à la Compagnie, il voudroit bien prendre en payement les effets offerts.

Telles étoient, en un mot, les vûës du fieur Berfin. Qu'elles fuffent juftes & convenables aux vrais interêts du Roi, ou que le fieur Berfin cherchât à adoucir le poids de fon engagement, il eft toujours certain que le fieur du Verney perfonnellement n'y entroit pour rien : Il a même fait fentir dans fes Interrogatoires, que l'abandon des 7000 Billets à la Compagnie des Indes, n'étoit pas un prefent de la part des fieurs Berfin, mais une nouvelle grace qu'ils cherchoient à fe procurer. Il s'en eft rapporté à Meffieurs les Commiffaires, & aux Directeurs de la Compagnie des Indes pour en juger. Mais on le repete, que cette propofition fût convenable ou non, elle ne concernoit pas le fieur du Verney. Auffi le Memoire étoit-il adreffé à Mr le Contrôleur Général : dans une piece qui devoit neceffairement lui être prefentée, auroit-on offert une recompenfe à quelque perfonne que ce fût ? Il faut donc abandonner une idée condamnée par une piéce fi décifive.

On finira la juftification du fieur du Verney à cet égard par une réflexion qu'il a propofée lui-même dans fes Interrogatoires, & qui paroît en effet décifive. On a obfervé ci-deffus qu'il étoit Créancier de le Blanc de 250 Actions, pour lefquelles on lui avoit remis 2000 Billets de la Loterie compofée. Ces Billets n'étoient d'aucune valeur. On en peut juger par la conduite du fieur Berfin, qui, dans le Memoire dont on vient de parler, en abandonnoit 7000 gratuitement. Le fieur du Verney auroit donc eu un interêt fenfible de rendre les 2000 Billets, & de retirer les 250 Actions qui valoient plus de 300000 liv. C'étoit une créance qui lui appartenoit légitimement, & qu'il n'avoit abandonnée que pour n'avoir aucune difcuffion avec la fucceffion de le Blanc. Le fieur Berfin lui avoit promis plufieurs fois de lui faire juftice. S'il avoit donc voulu obliger une Puiffance, il n'avoit point de récompenfe à demander au fieur Berfin ; il n'avoit qu'à exiger de lui un acte de juftice, un payement legitime ; cela eût été dans la regle. On ne peut donc pas fuppofer qu'il demandoit ce qui ne lui étoit pas dû, pendant qu'il ne fe faifoit pas même donner ce qui lui appartenoit légitimement. Lorfque le fieur du Verney a été confronté aux fieurs Berfin & Duflos, il les a interpellés de convenir de la dette des 250 Actions. Il leur a fait obferver, que s'il avoit voulu exiger quelque chofe de la fucceffion, il eût été naturel d'en demander le payement. Les fieurs Berfin & Duflos font convenus du fait, & n'ont pû répondre à la conféquence. Que devient donc cette accufation que l'on n'appuyoit que fur les dépofitions de ces mêmes Témoins ?

H

RECAPITULATION.

Après cette longue difcuffion des differens chefs d'accufation qui ont été formez, on a peine à concevoir comment & pourquoi on a fait entrer le fieur du Verney dans cette caufe.

Le Roi eft Créancier de fept millions ; que Sa Majefté pourfuive fes Débiteurs, c'eft une action légitime ; qu'elle s'adreffe aux Etats de Languedoc, & au fieur Bonnier leur Tréforier, ou aux fieurs Bouret & Barrême, il faut toujours qu'elle foit payée, ou par les uns ou par les autres. Mais pour le fieur du Verney, comment peut-on feulement imaginer qu'il puiffe jamais être tenu de cette dette, lui qui n'a jamais traité avec le Roi, ni avec ceux qui étoient chargez du payement de cette fomme ; lui qui n'en a jamais rien touché ; qui n'a jamais eu ny focieté, ny interêt commun avec ceux qui en peuvent être tenus. ? Quel perfonnage joüe-t-il dans cette fcéne ?

Le fieur Berfin a prétendu donner en payement un Récépiffé de cinq millions ; la proprieté lui en eft contestée, d'un côté par le Roy, & de l'autre par le fieur Hallée ; c'eft ce qui fait la matiere d'une inftance actuellement pendante en la Cour. Mais le fieur du Verney ne prétend, & n'a jamais rien prétendu dans ce Récépiffé. Qu'il foit au Roy, à la fucceffion de le Blanc, ou au Sr Hallée, tout cela lui eft abfolument étranger. Pourquoi donc le rend-on encore Partie dans cette épifode ? Il a eu, dit-on, autrefois l'intention de faire prendre cet Effet en payement par le Roy ; mais il ne l'a pas fait ; on en convient : Il n'a même rien tenté pour y parvenir ; & quand il l'auroit fait, cette démarche auroit-elle été plus criminelle que celle des fieurs Berfin & Hallée, qui actuellement fe prétendent Créanciers légitimes de ces cinq millions, & à qui on n'en fait aucun reproche ?

Pourquoi donc, on le répete, fe trouve-t-il dans cette caufe, où il n'apperçoit de toutes parts que des objets qui lui font étrangers ?

On ne s'eft pas même toujours renfermé à fon égard, dans les différens chefs d'accufation formez par M. le Procureur General. On a fait entrer dans fes Interrogatoires bien des circonftances qui n'y avoient aucun rapport. On lui a demandé, par exemple, *fi l'interêt de la Compagnie des Indes ne l'a pas engagé dans des operations funeftes à la Societé, en faifant hauffer ou diminuer fubitement les Effets de la Place*, comme s'il y avoit quelque plainte renduë par le Miniftere public pour raifon de ces mouvemens imprévûs. D'ailleurs pouvoit-on plus mal placer ce reproche, que contre un homme qui n'a jamais pris aucune part à ces operations ? qui dès 1720 encourut la difgrace du Gouvernement, & fut exilé plufieurs mois, pour n'avoir jamais voulu donner dans le fyftême qui les avoit introduites ? Il eft vrai que depuis on l'a nommé Syndic General de la Compagnie des Indes ; mais ce n'eft pas une raifon pour établir

qu'il ait eu aucune part aux mouvemens de la Place ; & s'il y eft fur-
venu des convulfions dans le temps de fon Syndicat, comme il y en
a eu dans tous les temps, peut-on s'en prendre à lui, & l'en rendre
refponfable ?

On lui a objecté encore , qu'étant chargé, dans les idées que l'on
avoit , ou que l'on pourroit avoir , de diminuer les dettes du Roy , il auroit
dû empêcher les défordres qui fe commettoient, & dont il n'eft pas douteux qu'il
étoit inftruit. On ignore quels font les défordres dont on a entendu
parler. Ce reproche trop vague ne permet pas d'entrer dans aucune
juftification. D'ailleurs le fieur du Verney avoit-il quelque caractere, quelque autorité qui le mît à portée de prévenir tous les
maux, dont le public pouvroit fouffrir, ou de punir ceux qui y
avoient eu quelque part ? Sous le Gouvernement le plus fage, il eft
impoffible que la malice des hommes ne trouve encore le fecret de
commettre impunément de grands crimes : ce feroit une iniquité
que de s'en prendre toujours aux Miniftres, & l'on veut en rendre
un particulier refponfable.

On lui a encore imputé la remife faite à le Blanc de fa taxe, quoique prononcée par un Arrêt du Confeil, ainfi qu'un grand nombre d'autres, comme fi c'étoit à lui à défendre les graces qu'il a plû
au Souverain d'accorder.

On a cherché par mille queftions à le faire paffer pour Affocié de
le Blanc, dans toutes les négociations où ce particulier s'étoit pré-
cipité ; cependant loin de trouver quelque indice de cette focieté,
les fieurs Berfin fes heritiers, Duflos leur Agent, & Me Bronod
leur Confeil, ont été obligez de convenir à la confrontation,
qu'ils n'avoient connoiffance d'aucune affaire dans laquelle le fieur
du Verney & le Blanc euffent eu quelque relation, que le feul prêt
de 300 Actions : L'on n'a pas même trouvé fous le fcellé de le Blanc
une feule Lettre du fieur du Verney, ni aucun Papier qui le con-
cernât.

Enfin pour ne pas fatiguer par trop de détail, on a bien demandé
au fieur du Verney quelle étoit la Puiffance pour laquelle il avoit voulu
faire donner 400000 liv. comme s'il n'avoit pas conftamment foutenu que la propofition n'avoit jamais été faite, comme s'il ne l'a-
voit pas même prouvé ; & enfin, comme fi en fuppofant cette propofition, le nom de la Puiffance pouvoit fervir à foutenir, ou à
faire tomber l'accufation.

Mais il faut oublier ces queftions étrangeres ; réduifons-nous aux
deux chefs d'accufation.

On a fait voir fur le premier, que le fieur du Verney n'avoit
jamais eu aucune part à la négociation du fieur Barrême avec le
fieur Bouret ; qu'il ne l'avoit connuë que long-temps après qu'elle
étoit confommée ; que loin d'être affocié du fieur Barrême dans le
Billet de fept millions, il étoit le premier qui avoit inftruit le
Miniftre, que ce Billet fe trouvoit dans la Caiffe de Selvois ; que
cette prétenduë focieté ne fe trouvoit auffi foutenuë, ni d'aucun
Acte par écrit, ni de Comptes, ni de Memoires ; qu'elle étoit mê-

me défavoüée par le fieur Barrême, plus intereffé que perfonne à la faire valoir. C'en eft trop pour combattre une chimere.

On a établi fur le fecond chef, qu'il n'y avoit pas même de corps de délit, & qu'au furplus le fieur du Verney n'avoit jamais penfé, ni à rendre le Roy débiteur de cinq millions, ni à procurer à perfonne la récompenfe d'un pareil fervice. Il a rapporté le Memoire adreffé à M. le Contrôleur General par le fieur Berfin ; il a forcé Me Bronod, & le fieur Berfin même, de s'expliquer, & de convenir qu'il n'y avoit eu aucune convention fecrete ; ce qui diffipe le plus leger nuage.

Cette accufation celebre, qui par tant de circonftances attire l'attention publique , & tient tous les efprits en fufpens, n'a donc plus d'objet, ni de fondement : ellen'a fervi qu'à faire connoître, que le fieur du Verney, toujours fidéle à fes devoirs, ne s'eft jamais écarté de ce que le fervice du Roy, l'interêt de l'Etat, & la confiance de fes Superieurs, exigeoient de lui.

C'eft une fatisfaction qui a adouci toutes fes peines, & qui l'a foutenu au milieu de tous fes malheurs. On a pû exciter contre lui le bras vengeur de la Juftice, jamais il n'en a été alarmé. Raffuré par fon innocence, il n'a jamais douté qu'elle ne dût triompher dans un Tribunal qui en a toujours été le Protecteur, & qu'elle ne reçût même un nouvel éclat de tous les efforts que l'on pouvoit faire pour le flétrir.

Me COCHIN, Avocat.

CHAUSSON, Procureur.

11 Mars 1728.

Arrest les chambres assemblées. ...

Decharge le S. Paris Duverney de l'accu... de M. le procureur General.

Ordonne que les S. Dourret et Dar... feront admonetés, et les Condamne Solida... et par Corps aupayem.t des Sept Mil... d'Effects en question.

Renuoye les heritiers Le Blanc a...

Et Condamne Seruois contumax au...

De l'Imprimerie D'ANDRE' KNAPEN , au bout du Pont S. Michel. 1727.

www.ingramcontent.com/pod-product-compliance
Lightning Source LLC
Chambersburg PA
CBHW070742210326
41520CB00016B/4556